Liebe Kita-Leitungen,

als Rechtsanwältin berate ich seit vielen Jahren Kita-Leitungen, aber auch Kita-Träger rund um alle Rechtsfragen in der Kita. In meinen Sprechstunden und auf meinen Fortbildungen stelle ich immer wieder fest, dass es ein Thema gibt, dass Sie alle besonders bewegt: AUFSICHTSPFLICHT.

Das ist auch ganz natürlich. Schließlich vertrauen Ihnen die Eltern ihr Liebstes an, wenn sie die Kinder in Ihrer Einrichtung abgeben. Und sie erwarten selbstverständlich, dass Sie und Ihre pädagogischen Fachkräfte alles tun, damit die Kinder bei Ihnen sicher und geborgen sind. Kommt es dann doch mal zu einem Unfall, ist in Ihrer Kita schnell „der Teufel los“. Aufgebrachte Eltern drohen mit dem Rechtsanwalt und der Polizei, beschweren sich beim Träger und wiegeln, wenn es richtig schlecht läuft, auch noch den Rest der Elternschaft gegen Sie auf.

Viele Kita-Leitungen sind da verständlicherweise unsicher, was in Sachen Aufsichtspflicht und -organisation von ihnen erwartet wird. Schließlich können Sie die Kinder ja nicht „in Watte packen“ und vor jeder potenziellen Gefahr bewahren. Das würde nicht nur Ihrem pädagogischen Verständnis und Konzept widersprechen, sondern auch die Kinder in ihrer Entwicklung hemmen.

Die geltenden Gesetze sind keine große Hilfe, wenn es um die Beantwortung der Frage geht:„Wie muss Aufsicht in Kitas konkret aussehen?“ Schließlich ist dort nur geregelt, dass Sie die Aufsichtspflicht für die in Ihrer Kita betreuten Kinder haben, und dass Sie Probleme bekommen, wenn Sie sie nicht richtig ausüben. Was Sie konkret tun müssen, steht da aber nicht.

In dieser Broschüre möchte ich Ihnen einige wichtige Hinweise geben, worauf Sie aus rechtlicher Sicht in Sachen Aufsichtspflicht achten müssen. Ihr Job ist es dann, diese rechtlichen Aspekte in Ihr pädagogisches Konzept einfließen zu lassen und daraus ein harmonisches Ganzes zu machen. Sie müssen letztlich die Balance finden zwischen „Sicherheit & Selbstständigkeit“.

Gutes Gelingen dabei wünscht Ihnen,
Ihre

Judith Barth
Rechtsanwältin & Chefredakteurin von „Recht & Sicherheit in der Kita“

1. Teil: Grundsätzliches zur Aufsichtspflicht in der Kita

Die Aufsichtspflicht ist Teil der so genannten Personensorge für ein Kind. Sie wird in aller Regel von den Eltern ausgeübt. Dies ergibt sich aus § 1631 Absatz 1 Bürgerliches Gesetzbuch (BGB).

Im Rahmen des mit Ihrem Träger abgeschlossenen Betreuungs- oder Kita-Vertrags werden dem Träger für die Dauer des Aufenthalts des Kindes in der Einrichtung die Aufsichtspflicht, die Fürsorge und die Verantwortung für das Kind übertragen.

Sie und Ihre pädagogischen Fachkräfte werden von Ihrem Träger sodann auf Grundlage Ihres Arbeitsvertrags beauftragt, die Kinder in seinem Namen entsprechend dem bestehenden pädagogischen Konzept zu betreuen und zu beaufsichtigen. Sie handeln im juristischen Sinne als „Erfüllungsgehilfen" Ihres Trägers.

Übersicht: Übertragung der Aufsichtspflicht

Eltern üben die Aufsichtspflicht im Rahmen ihres Sorgerechts aus

↓

Eltern übertragen die Aufsichtspflicht durch den Betreuungsvertrag auf Einrichtungsträger

↓

Einrichtungsträger überträgt die Aufsicht auf Kita-Leitung & Team

↓

Kita-Leitung trägt die Verantwortung dafür, dass die Kinder durch die päd. Fachkräfte beaufsichtigt werden = Organisationsverantwortung

Als Leitung kommt Ihnen im Rahmen der ordnungsgemäßen Erfüllung der Aufsichtspflicht eine besondere Verantwortung zu. Ihre Aufgabe ist es, die Aufsichtsführung in Ihrer Kita so zu organisieren, dass die Kinder von Ihrem Team im Rahmen der geltenden Gesetze und Vorschriften jederzeit professionell und so umsichtig betreut und beaufsichtigt werden, dass nach menschlichem Ermessen niemand zu Schaden kommt. Das bezeichnet man als Organisationsverantwortung.

Ihre Aufgabe ist es daher, darauf zu achten, dass die Ausführung der Aufsichtspflicht in Ihrer Kita in geordneten Bahnen abläuft. Sie müssen daher

- neue Mitarbeiter sorgfältig einarbeiten und sie auf besondere Gefahrenquellen in Ihrer Einrichtung hinweisen,
- Ihrem Team klare schriftliche Anweisungen geben, wie die Aufsicht in Ihrer Einrichtung zu führen ist,
- Ihr Team bei der Aufsichtsführung anleiten und regelmäßig überprüfen, ob es sich auch an Ihre Vorgaben hält,
- Ihre Kolleginnen bei der Aufsichtsführung unterstützend beraten,
- arbeitsrechtliche Maßnahmen ergreifen bzw. auf den Weg bringen, wenn Sie feststellen, dass Mitarbeiter ihre Aufsichtspflicht nicht ordnungsgemäß wahrnehmen,
- darauf achten, dass Sie nur solchen Personen die Aufsicht über die Kinder übertragen, die hierfür geeignet und qualifiziert sind.

Übersicht: Aufgaben der Kita-Leitung

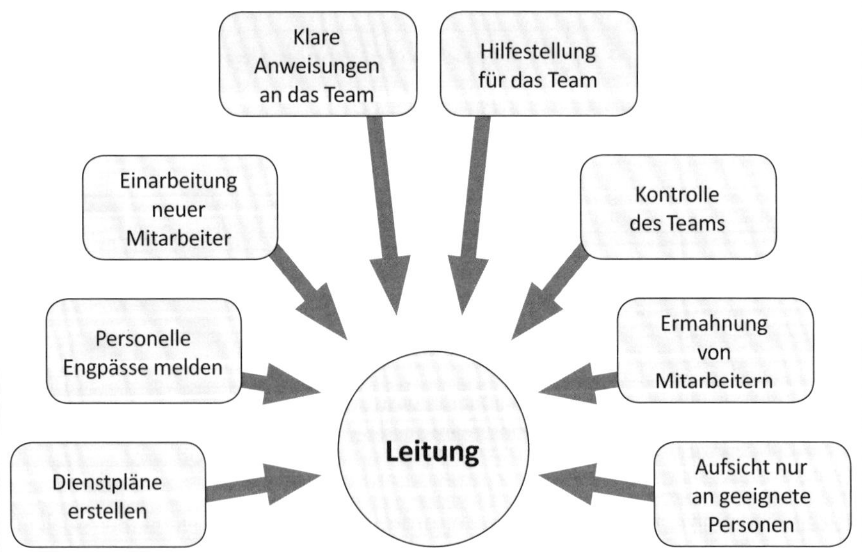

Stellen Sie fest, dass ein Mitarbeiter seine Aufsichtspflichten nicht entsprechend Ihren Vorgaben wahrnimmt, müssen Sie eingreifen und im Notfall auch arbeitsrechtliche Konsequenzen bis hin zur Kündigung durchsetzen.

Die richtige Ausübung der Aufsichtspflicht ist immer eine Frage des Einzelfalls und immer eine schwierige Gratwanderung zwischen einem Zuviel und einem Zuwenig an Aufpassen.

Aus § 1 Absatz 1, § 9 Nr. 2 und § 22 Abs. 2 Sozialgesetzbuch (SGB) VIII ergibt sich, dass es Ihr pädagogischer Auftrag ist, die Ihnen anvertrauten Kinder zu eigenverantwortlichen und gemeinschaftsfähigen Menschen zu erziehen. Das funktioniert aber erfahrungsgemäß nicht, wenn Sie die Kinder vor jeder potenziellen Gefahr beschützen und sie pausenlos am „Händchen" halten. Diese Vorgaben sind aber auch nur der Rahmen für das Maß Ihrer Aufsichtsführung. Ihre Aufgabe ist es nicht, die 100 % sichere Kita zu schaffen. Sie dürfen den Kindern auch – im kontrollierten Umfang – Freiräume lassen, in denen sie sich entfalten und neue Erfahrungen machen können. Wichtig ist hierbei, dass Sie die Risiken bewusst eingehen und sich diese im pädagogisch begründbaren Rahmen halten. Es gilt der Grundsatz: Wenn Sie eine Entscheidung zur Aufsichtsführung pädagogisch nachvollziehbar begründen können, kann man Ihnen keine Verletzung der Aufsichtspflicht vorwerfen.

Sie müssen also immer im Einzelfall entscheiden, welches Maß an Aufsicht nötig ist. Der Gesetzgeber kann Ihnen naturgemäß für diese Vielzahl an tagtäglich anfallenden Entscheidungssituationen keine konkreten Vorschriften an die Hand geben. Maßstab für die „richtige" Ausübung der Aufsichtspflicht kann aber eine Entscheidung des Bundesgerichtshofs (BGH) aus dem Jahr 1984 sein.

Die Richter gehen davon aus, dass das Maß der notwendigen Aufsicht sich nach dem Alter, der Eigenart und dem Charakter der Kinder richtet. Von entscheidender Bedeutung ist, was eine verständige Erzieherin nach vernünftigen Anforderungen unternehmen muss, um zu verhindern, dass das Kind selbst oder Dritte zu Schaden kommen oder ein Sachschaden entsteht. Dabei muss immer auf die Besonderheiten im Einzelfall geachtet werden.

Wollen Sie also bei der Organisation und Ausübung der Aufsichtspflicht in Ihrer Kita keine Fehler machen, müssen Sie konkret die folgenden Faktoren beachten:

- **Alter der Kinder**

  Das Maß der Beaufsichtigung muss sich zum einen am Alter der von Ihnen betreuten Kinder orientieren. Es gilt die Faustregel: Je jünger die Kinder sind, desto engmaschiger muss die Aufsichtsführung sein. Bei altersgemischten Gruppen müssen Sie sich hierbei an den Jüngsten orientieren.

- **Entwicklungsstand des jeweiligen Kindes**

Die Aufsicht muss außerdem auf die Eigenart des von Ihnen betreuten Kindes zugeschnitten sein. Hierbei gilt: Je weniger Sie ein Kind kennen, desto genauer müssen Sie es beaufsichtigen. Auch Kinder, die sich in der Vergangenheit verhaltensauffällig oder aggressiv gezeigt haben oder eine Tendenz zum Weglaufen aufweisen, bedürfen der besonderen Aufmerksamkeit Ihres Teams.

- **Gesamtsituation**

Richten Sie Ihre Aufsichtsführung außerdem an der konkreten Gesamtsituation in der jeweiligen Gruppe aus. Sind die Kinder besonders unruhig, weil ein Ausflug kurz bevorsteht, oder hat sich die Gruppensituation durch die Aufnahme von neuen Kindern grundlegend verändert? Dann müssen Sie und Ihr Team hierauf reagieren.

- **Art und Gefährlichkeit der Beschäftigung**

Bei potenziell gefährlichen Tätigkeiten, z. B. Basteln, Kochen oder einem Kita-Ausflug, werden höhere Anforderungen an die Aufsichtsführung gestellt als wenn die Kinder z. B. friedlich im Sandkasten spielen.

- **Räumliche oder örtliche Besonderheiten**

Finden auf Ihrem Kita-Gelände (Um-)Bauarbeiten oder Gartenpflegearbeiten statt, werden die Kinder hiervon nahezu „magisch" angezogen. Sie und Ihr Team müssen darauf achten, dass die Kinder sich in solchen Sondersituationen außerhalb des Gefahrenbereiches aufhalten.

Sinnvoll ist es darauf zu achten, dass die Kita-Umgebung möglichst „kindersicher" gestaltet ist. Hierbei können Sie sich auch gegenüber Ihrem Träger auf die Vorgaben der gesetzlichen Unfallversicherer stützen. Diese mögen Ihnen vielleicht manchmal etwas übertrieben erscheinen. Die Erfahrung zeigt aber, dass deren Umsetzung Ihnen einfach mehr Zeit am Kind verschafft, da Sie und Ihre pädagogischen Fachkräfte in Sachen „Sicherheit" entlastet werden.

- **Zusammensetzung und Erfahrungen des Teams**

Als Leitung ist es Ihre Aufgabe, Ihre pädagogischen Fachkräfte so einzusetzen, dass die Kinder optimal betreut und beaufsichtigt werden. Hierzu müssen Sie die Fähigkeiten und Kenntnisse jedes einzelnen Mitarbeiters einschätzen und ihm nur im Rahmen seiner Möglichkeiten Verantwortung übertragen. Sie müssen hierbei auch auf die Erfahrungen der jeweiligen Fachkraft achten. Sie können z. B. von einer Jahrespraktikantin nicht die gleiche Umsicht erwarten wie von einer erfahrenen Fachkraft. Dies sollten Sie bei der Zusammenstellung der „Gruppenteams" auf jeden Fall berücksichtigen.

- **Gruppengröße**

Die Kita-Gesetze Ihres Bundeslandes schreiben vor, wie viele Kinder höchstens von einer pädagogischen Fachkraft betreut werden dürfen. An diesem Schlüssel müssen Sie sich orientieren. In Ausnahmefällen, z. B. bei der plötzlichen Erkrankung einer Mitarbeiterin, darf eine Fachkraft aber kurzfristig auch mehr Kinder beaufsichtigen, als der Personalschlüssel eigentlich vorsieht. Eine Dauerlösung ist dies aber nicht. Wichtig ist, dass Sie als Leitung Ihren Träger immer über personelle Engpässe, die auch die Beaufsichtigung der Kinder beeinträchtigen, zeitnah informieren. Stimmen Sie mit ihm ab, wie Sie weiter vorgehen sollen.

Grundsätzlich ist es eine pädagogische Entscheidung, wie intensiv Sie und Ihr Team die Ihnen anvertrauten Kinder beaufsichtigen müssen. Hierbei müssen Sie immer die Sicherheitsrisiken gegen ein zentrales pädagogisches Ziel – die Erziehung zur Selbstständigkeit – abwägen.

Dies ist letztlich immer eine Einzelfallentscheidung, die Sie im Falle eines Unfalls auch pädagogisch begründen können sollten.

Wahrscheinlich führen auch Sie in Ihrer Kita wahrnehmende Beobachtungen zu jedem Kind durch. Werden die Protokolle zu den Kindern ausführlich und gewissenhaft geführt, kann eine solche Aufzeichnung auch im Falle eines Unfalls in der Kita hilfreich sein. Denn anhand der Aufzeichnung lässt sich oft nachweisen, dass eine Entscheidung bezüglich der Erfüllung der Aufsichtspflicht dem Entwicklungsstand des Kindes angepasst und damit auch pädagogisch vertretbar war.

2. Teil: Praxisbeispiele zur rechtssicheren Wahrnehmung der Aufsichtspflicht im Kita-Alltag

Im Folgenden habe ich Ihnen 10 aufsichtsrechtlich kritische Situationen aus dem Kita-Alltag und den rechtssicheren Umgang mit diesen zusammengestellt:

1. Beginn der Aufsichtspflicht

Praxisbeispiel Lisa ist 2 1/2 Jahre alt und und besucht die Kita „Hasenwinkel". Ihre Mutter hat sie morgens in die Garderobe der Kita gebracht und ihr gesagt, sie solle ihre Hausschuhe anziehen und in die Gruppe gehen. Lisa entscheidet sich aber auf dem Spielflur zu toben. Sie wirft einen Bauklotz hoch in die Luft und zerstört damit die neue Deckenlampe der Kita. Es entsteht ein Sachschaden von ca. 300 €.

Die Aufsichtspflicht der Einrichtung beginnt grundsätzlich dann, wenn ein Kind der für es zuständigen pädagogischen Fachkraft übergeben wird.

Auf dem Weg zur Kita und bis zur Übergabe des Kindes an die zuständige Fachkraft in der Kita haben die Eltern die Verantwortung und auch die Aufsichtspflicht für ihre Kinder.

Das heißt: Sie müssen Unfälle verantworten, die ihr Kind auf dem Weg zur Kita oder auch in der Kita verursacht hat. Dies gilt jedenfalls immer dann, wenn der Schaden aufgrund einer Aufsichtspflichtverletzung aufseiten der Eltern entstanden ist. Diese sind dann, wie hier im Praxisbeispiel, verpflichtet, den Schaden zu ersetzen. Wenn sie eine Haftpflichtversicherung haben, kommt diese für den Schaden auf.

Gut zu wissen: Verletzt sich das Kind auf dem Weg zur Kita oder in der Kita besteht Versicherungsschutz über die gesetzliche Unfallkasse. Diese kommt für die Kosten auf, die im Zusammenhang mit der Verletzung des Kindes entstehen. Diese haftet allerdings nicht für Schäden, die die Kinder Dritten zufügen. Für diese müssen im Regelfall die Eltern aufkommen. Denn sie vernachlässigen ihre Aufsichtspflicht, wenn sie ihr Kind im Kindergartenalter sich selbst überlassen.

Um Klarheit zu schaffen, wann die Aufsichtspflicht Ihrer pädagogischen Fachkräfte beginnt, sollten Sie Ihren Träger mit ins Boot holen und auf einer klaren Vereinbarung im Betreuungsvertrag bestehen. Hier sollte festgeschrieben werden, dass

- die Kinder in die Kita gebracht werden und nicht alleine in die Kita kommen dürfen.
- die Aufsichtspflicht der Kita nur nach der persönlichen Übergabe des Kindes von der Begleitperson an die zuständige pädagogische Fachkraft beginnt.

Bei der Formulierung einer solchen Vereinbarung können Sie auf die folgende Musterformulierung zurückgreifen:

Muster: Vereinbarung zum Beginn der Aufsichtspflicht in der Kita
Die Eltern verpflichten sich, ihr Kind selbst oder durch von Ihnen hierzu ausdrücklich beauftragte Personen in die Kita zu bringen. Die Aufsichtspflicht der Einrichtung beginnt erst, wenn das Kind von der Begleitperson an eine der pädagogischen Fachkräfte der jeweiligen Gruppe persönlich übergeben wurde.

2. Kinder, die unbemerkt das Kita-Gelände verlassen

Praxisbeispiel: Ben ist 4 Jahre alt. Er besucht die Kita „KinderReich“. Eines Morgens vermisst er seinen Freund Jannis, der an diesem Tag nicht in der Kita ist. Er beschließt diesen zu besuchen. Unbemerkt entwischt er durch die unverschlossene Eingangstür. Sein Verschwinden wird erst bemerkt, als Jannis Mutter ihn wieder in die Kita bringt.

Während des Aufenthalts in der Kita haben Sie die Aufsichts- und Fürsorgepflicht für die Ihnen anvertrauten Kinder. Sie müssen dafür sorgen, dass die Kinder die Einrichtung nicht unbemerkt verlassen. Hier sind Sie als Leitung in besonderem Maße gefragt, denn Sie tragen in der Kita die so genannte Organisationsverantwortung. Das heißt: Sie müssen dafür sorgen, dass die Aufsicht über die Kinder so organisiert ist, dass ein Weglaufen praktisch ausgeschlossen ist.

Weggelaufene Kinder sind über die Unfallkasse versichert

Läuft ein Kind aus der Kita weg und erleidet es einen Unfall, ist es über die gesetzliche Unfallkasse versichert. Dies wird damit begründet, dass der Kita-Besuch des Kindes noch nicht „offiziell" beendet wurde. Dieser Versicherungsschutz ist zunächst einmal eine große Beruhigung für Sie und Ihre pädagogischen Fachkräfte.

Kita muss Sachschäden ersetzen

Verursacht das Kind während seines Ausflugs einen Sachschaden, ist dieser Schaden nicht durch die Unfallkasse abgedeckt. Wenn Sie bzw. Ihre pädagogischen Fachkräfte Ihre Aufsichtspflicht verletzt haben, muss Ihr Träger den entstandenen Schaden ersetzen. Wenn ein Kind aus der Kita wegläuft und Sie und Ihre Fachkräfte dies nicht umgehend bemerken, spricht viel dafür, dass die Aufsichtspflicht verletzt wurde. Für solche Fälle hat Ihr Träger eine Betriebshaftpflichtversicherung.

Regressforderungen sind zu befürchten

Auch wenn die durch das Weglaufen entstandenen Schäden zunächst einmal über die Unfallkasse bzw. die Betriebshaftpflichtversicherung Ihres Trägers abgedeckt sind, ist die Angelegenheit damit für Sie und Ihre pädagogischen Fachkräfte nicht erledigt.
Wenn Ihnen bzw. Ihrem Team nachgewiesen werden kann, dass Sie Ihre Organisationsverantwortung bzw. Aufsichtspflicht grob fahrlässig verletzt haben, müssen Sie damit rechnen, dass Sie in Regress genommen werden.
Das bedeutet, dass die Unfallkasse bzw. Ihr Träger von Ihnen bzw. der für das Weglaufen unmittelbar verantwortlichen Fachkraft, die Kosten zurückverlangt.

Strafrechtliche Konsequenzen stehen im Raum

Erleidet das Kind bei seinem unerlaubten Ausflug einen Unfall, droht Ihnen auch eine strafrechtliche Verfolgung. Da der Unfall in der Regel auf eine Verletzung der Aufsichtspflicht zurückzuführen ist, müssen Sie und die verantwortliche pädagogische Fachkraft mit einer Anklage wegen fahrlässiger Körperverletzung oder sogar fahrlässiger Tötung rechnen.

Arbeitsrechtliche Konsequenzen drohen

Selbst wenn kein Schaden entsteht und das Kind sich wohlbehalten wieder einfindet, müssen Sie damit rechnen, dass Ihr Träger Sie und die verantwortlichen Fachkräfte zur Verantwortung zieht und arbeitsrechtliche Maßnahmen ergreift. In aller Regel müssen Sie mit einer Abmahnung, in schweren Fällen sogar mit einer – fristlosen – Kündigung rechnen.

Mein Rat

Läuft ein Kind aus der Kita weg, sorgt das für Unruhe und jede Menge Ärger, selbst wenn das Kind sich wohlbehalten wieder einfindet. Und das ist ja zum Glück der Regelfall. Sie als Leitung haben daher ein großes Interesse daran, dafür zu sorgen, dass so etwas gar nicht erst passiert.

Sensibilisieren Sie daher Ihr Team für diese Problematik. Entwickeln Sie gemeinsam Strategien, wie Sie sich gegen ein Weglaufen der Kinder absichern können. Damit können Sie viel Ärger und Unannehmlichkeiten schon im Keim ersticken und tun gleichzeitig etwas für die Sicherheit der Ihnen anvertrauten Kinder.

Übersicht: Konsequenzen, wenn ein Kind aus der Kita wegläuft

Vorfall	**Konsequenz**	**Betroffener/ Ansprechpartner**
Kind ist aus der Kita weggelaufen und erleidet einen Unfall		
weggelaufenes Kind erleidet Unfall	gesetzliche Unfallversicherung übernimmt die Behandlungskosten	Unfallkasse
Erzieherin hat ihre Aufsichtspflicht verletzt, weggelaufenes Kind erleidet einen Unfall	Regressanspruch der Unfallkasse gegenuber der Erzieherin, wenn diese grob fahrlässig gehandelt hat	Erzieherin/ Berufshaftpflicht versicherung
Kita-Leitung hat ihre Organisationsverantwortung verletzt, und das Weglaufen des Kindes ermöglicht, Kind hat Unfall erlitten	Regressanspruch der Unfallkasse gegenüber der Kita-Leitung, wenn diese grob fahrlässig gehandelt hat	Kita-Leitung/ Berufshaftpflicht-versicherung
Kita-Leitung hat ihre Organisationsverantwortung verletzt, Kind ist aus Kita weggelaufen und hat einen Unfall erlitten	Strafanzeige wegen fahrlässiger Körperverletzung	Kita-Leitung
Erzieherin hat ihre Aufsichtspflicht verletzt, Kind ist aus Kita weggelaufen und hat einen Unfall erlitten	Strafanzeige wegen fahrlässiger Körperverletzung	Erzieherin
Weggelaufenes Kind verursacht einen Sachschaden		
Weggelaufenes Kind verursacht einen Sachschaden	Träger muss Betroffenen Schaden ersetzen	Träger/ Betriebshaftpflicht-versicherung

Übersicht: Konsequenzen, wenn ein Kind aus der Kita wegläuft

Vorfall	**Konsequenz**	**Betroffener/ Ansprechpartner**
Erzieherin hat ihre Aufsichtspflicht verletzt, weggelaufenes Kind verursacht einen Sachschaden	Regressanspruch des Trägers gegenüber der Erzieherin, wenn diese grob fahrlässig gehandelt hat	Erzieherin/ Berufshaftpflichtversicherung
Kind ist aus der Kita weggelaufen		
Kita-Leitung hat ihre Organisationsverantwortung verletzt, Kind ist aus der Kita weggelaufen	Abmahnung	Kita-Leitung
Erzieherin hat ihre Aufsichtspflicht verletzt, Kind ist aus der Kita weggelaufen	Abmahnung	Erzieherin

3. Kinder ohne Aufsicht?

Praxisbeispiel: Carl & Louis sind 5 1/2 Jahre alt und spielen unbeaufsichtigt auf dem Außengelände der Kita „Sonnenschein". Carl sitzt in der Vogelnestschaukel. Louis schiebt ihn an. Als die Schaukel zurückschwingt, geht Louis nicht rechtzeitig zur Seite. Die Schaukel trifft ihn so unglücklich am Mund, dass er seinen ersten bleibenden Schneidezahn verliert. Die Eltern werfen dem Team der Kita eine Verletzung der Aufsichtspflicht vor.

Immer wieder stellt sich in Ihrem Alltag die Frage: Darf ich Kinder in der Einrichtung auch einmal unbeaufsichtigt lassen?

Diese Frage lässt sich nicht so einfach beantworten. Die Antwort hängt von den folgenden oben schon ausführlich dargestellten Faktoren ab:

- Alter der Kinder
- Bisheriges Verhalten der Kinder

- Entwicklungsstand der Kinder
- Gruppenkonstellation
- Erfahrung der pädagogischen Fachkräfte mit den Kindern

Die Grundregel lautet: Je jünger die Kinder, desto engmaschiger muss die Aufsicht sein. Das heißt im Klartext: Krippenkinder sollten Sie überhaupt nicht allein lassen, Kindergartenkinder, die sich bisher unauffällig verhalten haben, können Sie schon einmal in einem separaten Raum spielen lassen. Vorschul- und Hortkinder, die sich bisher immer als vernünftig und zuverlässig erwiesen haben, können Sie auch einmal unbeaufsichtigt auf dem Außengelände spielen lassen.

Wichtig ist, dass die Kinder sich jederzeit beaufsichtigt fühlen. Das heißt, dass Sie die Kinder nicht stundenlang allein in einem separaten Raum oder auf dem Außengelände spielen lassen dürfen. Vielmehr müssen Sie dafür sorgen, dass Ihre pädagogischen Fachkräfte in zeitlichen Abständen von höchstens (!) 15 Minuten nachsehen, ob alles in Ordnung ist.

Zur Erfüllung der Aufsichtspflicht genügt es aber z. B. auch, dass die zuständige Erzieherin die Kinder durch das Fenster im Blick behält und eingreift, wenn dies notwendig ist. Voraussetzung ist natürlich, dass das Außengelände vom Fenster aus voll einsehbar ist.

4. Aufsicht bei Kita-Veranstaltungen

Praxisbeispiel: Die Kita „Hasenwinkel" hat die Eltern an einem Samstag zu einem Bastelnachmittag eingeladen. Die Kinder sind natürlich auch mit dabei. Laura ist mit ihrer Mutter gekommen. Während diese sich mit einer anderen Mutter unterhält, klettert Laura auf die Eckbank im Gruppenraum und spielt dort mit ihrer Freundin Fangen. Sie stürzt unglücklich und bricht sich den Arm. Die Mutter meint, dass sei Schuld der Kita. Schließlich hätten die pädagogischen Fachkräfte in der Kita die Aufsichtspflicht.

Eltern gehen meistens ganz selbstverständlich davon aus, dass sie mit Betreten Ihrer Einrichtung die Verantwortung für ihre Kinder an Sie und Ihr Team abgeben. Das ist aber nicht immer zutreffend.

Denn es gilt die folgende Grundregel: Halten sich Eltern und Kinder gemeinsam in Ihrer Einrichtung auf, bleibt die Aufsichtspflicht bei den Eltern. Da dies für viele Eltern nicht selbstverständlich ist, sollten Sie die Eltern hierauf am besten schon in der Einladung zu Ihrer Veranstaltung schriftlich hinweisen. Außerdem sollten Sie noch einmal zu Beginn der Veranstaltung, z. B. in Ihrer Begrüßung darauf hinweisen, wer für die Kinder verantwortlich ist.

Etwas Anderes gilt nur in folgenden Fällen:
1. Die Kinder nehmen an einer Aktion teil, die Ihr Team ohne Eltern organisisert. Dann übernehmen Sie bzw. Ihre Mitarbeiter für die Dauer der Aktion die Beaufsichtigung der Kinder.
2. Kommen Kinder unbegleitet zu einer Kita-Veranstaltung, muss Ihr Team sie beaufsichtigen oder dafür sorgen, dass sie abgeholt werden.
3. Kommen Kinder nicht mit ihren Eltern, sondern mit Geschwisterkindern in die Kita, müssen Sie sowohl das bei Ihnen regelmäßig betreute Kita-Kind als auch das Geschwisterkind beaufsichtigen. Alternativ können Sie auch die Eltern anrufen und darauf bestehen, dass beide Kinder abgeholt werden, wenn die Eltern nicht an der Veranstaltung teilnehmen möchten.

Überlegen Sie bei der Planung von Kita-Veranstaltungen immer genau, wann die Verantwortung für die Kinder bei Ihren Fachkräften und wann bei den Eltern liegt. Will z. B. eine Mitarbeiterin mit einigen Kindern in einem Extraraum Porzellan bemalen, ohne dass die Eltern dabei sind, liegt die Aufsichtspflicht bei ihr.

Ist die Sonderaktion beendet, sollten Sie unbedingt darauf achten, dass die Aufsichtspflicht eindeutig wieder an die Eltern zurückübertragen wird. Bitten Sie daher nach Ende der Aktion kurz um die Aufmerksamkeit der Eltern und bitten Sie die Kinder, wieder zu Mama oder Papa zu gehen. Damit haben Sie die Aufsichtspflicht ordnungsgemäß an die Eltern zurückübertragen.

Selbstverständlich sollte sein, dass Sie als Leitung und Veranstalterin der Kita-Aktion den Überblick behalten und darauf achten, dass die Eltern ihre Aufsichtspflicht auch tatsächlich wahrnehmen.

Bemerken Sie, dass die Eltern nicht aufmerksam sind und dadurch Ihre kleinen und großen Gäste gefährden, dürfen Sie und Ihre Fachkräfte selbstverständlich eingreifen und tobende Kinder und unaufmerksame Eltern zur Ordnung rufen. Weisen Sie diese freundlich, aber bestimmt darauf hin, wo die Verantwortlichkeiten liegen.

Gut zu wissen: Auch wenn die Kinder von ihren Eltern zu einer Kita-Veranstaltung begleitet werden, besteht für die Kleinen der Schutz der gesetzlichen Unfallversicherung. Dieser Versicherungsschutz gilt allerdings nicht für Eltern, Großeltern und Geschwisterkinder, die ebenfalls an der Kita-Veranstaltung teilnehmen. Diese sind dann über ihre Krankenversicherung versichert.

Übersicht: Aufsichtspflicht bei Kita-Veranstaltungen

Kita-Veranstaltung
- Kind kommt mit Eltern
  - Grundsatz: Aufsichtspflicht liegt bei den Eltern
  - Sonderaktion ohne Eltern: Aufsichtspflicht liegt bei der Kita
- Kind kommt ohne Eltern → Aufsichtspflicht liegt bei der Kita
- Kind kommt mit Geschwisterkind → Aufsichtspflicht liegt bei der Kita

5. Aufsicht bei Kita-Ausflügen

Praxisbeispiel: Die Kinder der eingruppigen Kita „Frosch & Kröte" machen einen Ausflug in den nahegelegenen Streichelzoo. Die Kinder haben schon seit Tagen trockenes Brot für die Tiere gesammelt. Während die Kita-Leitung noch an der Kasse steht, um den Eintritt zu bezahlen, stürmen die Kinder an ihr vorbei. Bevor sie oder sonst jemand eingreifen kann, hat eine freche Ziege Marie die Brottüte aus der Hand gerissen und zum Dank noch einmal kräftig zugebissen.

Sobald Sie oder Ihre pädagogischen Fachkräfte mit den Ihnen anvertrauten Kindern das Kita-Gelände verlassen, besteht für die Kinder immer eine besondere Gefährdungssituation, die zwangsläufig eine besondere Umsicht bei der Erfüllung Ihrer Aufsichtspflicht bedeutet.
Als Leitung tragen Sie die Verantwortung dafür, dass Kita-Ausflüge sorgfältig geplant, vorbereitet und durchgeführt werden.

Kommt bei einem Ausflug ein Kind zu Schaden, haftet zunächst einmal die gesetzliche Unfallversicherung. Dennoch wird man Sie immer nach den konkreten Umständen fragen, unter denen der Ausflug stattgefunden hat. Stellt sich heraus, dass sich ein Unfall ereignet hat, den Sie bzw. Ihre pädagogischen Fachkräfte hätten voraussehen und damit vermeiden können, kann man Sie unter Umständen für den entstandenen Schaden persönlich zur Verantwortung ziehen.

Legen Sie daher mit Ihrem Team klare Regeln fest, nach denen Kita-Ausflüge in Ihrer Einrichtung vorbereitet und durchgeführt werden. Wichtig ist außerdem, dass niemand mit einer Gruppe Kinder die Kita verlässt, ohne dass Sie als Leitung hierüber informiert wurden und Sie hierzu Ihr Einverständnis gegeben haben. Das gilt auch für kleine Gruppenspaziergänge. Führen Sie z. B. ein „Außer-Haus- Buch" ein, in dem eingetragen wird, wer mit wie vielen Kindern die Kita mit welchem Ziel verlässt.

Das Ausflugsziel und die Wanderstrecke sollten von Ihnen bzw. der für den Ausflug verantwortlichen pädagogischen Fachkraft vorab besucht und auf potenzielle Gefahrenquellen hin untersucht werden. Sie bzw. Ihr Team sollten dabei auf

- ungesicherte Gewässer,
- frei laufende Tiere,
- ungesicherte Zugänge zur Straße,
- nicht altersgerechte oder schlecht gewartete Spielgeräte und Spielplätze,
- Baustellen oder gefährliche Straßenübergänge auf der Wanderstrecke achten.

Wenn es sich bei Ihrem Ausflug um einen „normalen" Gruppenspaziergang z. B. in den nahegelegenen Park handelt, ist dieser durch den Betreuungsvertrag abgedeckt.

Für größere Ausflüge, z. B. in den Zoo, ins Museum oder ins Kindertheater, sollten Sie die Zustimmung der Eltern schriftlich einholen. Eine gesonderte Einwilligungserklärung der Eltern ist immer notwendig, wenn Sie bei dem Ausflug öffentliche Verkehrsmittel benutzen oder die Kinder mit Privat-Pkw zum Ausflugsziel transportieren. Hierbei können Sie auf das folgende Muster zurückgreifen:

Muster: Einwilligungserklärung zu einem Kita-Ausflug	
Hiermit erlauben wir, *Elisabeth und Rolf Schneider,* dass unsere *Tochter Marie Schneider* am Ausflug der Kita *Sonnenschein* am *19.10.2016* in den *Streichelzoo* teilnimmt.	
15.10.2016 Datum	*Elisabeth und Rolf Schneider* Unterschrift Erziehungsberechtigte

Kündigen Sie außerdem den Ausflug rechtzeitig an und bitten Sie die Eltern, ihren Kindern am Ausflugstag feste und vor allem bequeme Schuhe anzuziehen.

Wichtig ist natürlich auch, dass Sie sich nur mit genügend Betreuungspersonen in das „Abenteuer Kita-Ausflug" stürzen.

Achtung! Der im Kita-Alltag geltende Betreuungsschlüssel gilt nur für das Gelände Ihrer Kita, das ja an sich „kindersicher" ist. Er ist allerdings die absolute Untergrenze, wenn es um die Anzahl von Begleitpersonen bei Kita-Ausflügen geht.

Bei Ausflügen müssen Sie immer genau prüfen, was geplant ist und wie viele pädagogische Fachkräfte und Hilfskräfte, z. B. Eltern, Ihr Team benötigt, um den Ausflug sicher durchzuführen und eine lückenlose Beaufsichtigung der Kinder sicher zu stellen.

Können Sie nicht genügend Betreuungspersonen für den Ausflug stellen, müssen Sie ihn konsequent absagen.

Wichtig ist, dass Hilfskräfte wie Eltern Ihre Fachkräfte nur zusätzlich unterstützen. Sie können Fachkräfte nicht ersetzen. Sie als Leitung müssen im Vorfeld prüfen, ob der Ausflug mit den hierfür eingeplanten pädagogischen Fachkräften durchzuführen ist.

Lassen Sie sich, bevor sich eine Gruppe auf den Weg macht, von Ihren pädagogischen Fachkräften genau erläutern, wie die Gruppe, die den Ausflug machen will, zusammengesetzt ist. Fragen Sie, ob

- die Kinder im Wesentlichen gleichaltrig sind oder ob z. B. Kinder unter 3 Jahren mit auf den Ausflug kommen sollen,
- besonders wilde, aggressive oder Kinder mit besonderen Bedürfnissen teilnehmen sollen,
- besonders verträumte oder langsame Kinder in der Gruppe sind,
- Kinder als verhaltensauffällig oder besonders schwierig aufgefallen sind,
- Kinder mitkommen, die überhaupt nicht miteinander auskommen.

Weist die Ausflugsgruppe Besonderheiten in der Gruppenstruktur auf, sollten Sie mit Ihren Mitarbeitern besprechen, wie sie mit dieser Problematik umgehen wollen und welche Vorkehrungen getroffen werden, um Gefährdungssituationen zu vermeiden.

Hat sich ein Kind in der Vergangenheit als besonders schwierig erwiesen, können Sie die Teilnahme dieses Kindes am Ausflug auch davon abhängig machen, ob eine besondere Bezugsperson für dieses Kind, z. B. die Mutter oder der Vater, den Ausflug begleitet.

Sinnvoll ist es, wenn Sie die Kinder für den Ausflug mit einheitlichen Kappen oder T-Shirts ausstatten. Das erleichtert es Ihnen, auch in schwierigen Situationen den Überblick zu behalten. Hilfreich sind auch Aufkleber mit dem Namen der Einrichtung und Ihrer Handy-Nummer, unter der Sie während des Ausflugs zu erreichen sind.

Ebenso sollten Sie darauf achten, dass Ihre Ausflügler immer von einer Mitarbeiterin begleitet werden, die als Ersthelferin ausgebildet ist. Auch eine Verbandstasche nach DIN 13160 und ein aufgeladenes Mobiltelefon sind bei jeden Kita-Ausflug notwendig.

6. Besucherkinder

Praxisbeispiel: Jenny ist 3 Jahre alt. Ihre Eltern leben getrennt. Als ihre Mutter, bei der sie eigentlich lebt, für mehrere Wochen ins Krankenhaus muss, zieht Jenny zu ihrem Papa. Der bittet die Leitung der örtlichen Kita, seine Tochter für ein paar Wochen als „Besucherkind“ aufzunehmen. Die Kita-Leitung ist hierzu gerne bereit, überlegt aber, wie es mit dem Versicherungsschutz für Jenny aussieht.

Nach § 2 Absatz 1 Nr. 8a Sozialgesetzbuch (SGB) VII sind alle Kinder während des Besuchs von Kindertageseinrichtungen gesetzlich unfallversichert, soweit sie die Kita aufgrund einer Absprache zwischen den Eltern und der Einrichtung besuchen und in das pädagogische Leistungsangebot der Einrichtung einbezogen sind.

Wollen Sie Kinder vorübergehend in Ihrer Einrichtung aufnehmen, sollten Sie mit den Eltern eine schriftliche Vereinbarung hierüber treffen. Das gilt auch für Kinder, die demnächst in Ihrer Einrichtung betreut werden sollen und an einem „Schnuppertag“ den Kita-Alltag kennen lernen können. Besteht eine solche schriftliche Vereinbarung, ist das Kind auf jeden Fall durch die gesetzliche Unfallversicherung abgesichert. Der Versicherungsschutz besteht sogar dann, wenn die Eltern beim „Schnuppertag“ in der Kita bleiben.

Wahrscheinlich bekommen auch Sie in Ihrer Einrichtung hin und wieder Besuch von ehemaligen Kita-Kindern, die schon in die Schule gehen und Ihnen stolz ihren Schulranzen präsentieren wollen. Solche Kinder sind nicht durch die gesetzliche Unfallversicherung abgesichert. Bei Unfällen kommt diese also nicht für entstandene Schäden auf. Es besteht dann für das Kind lediglich Versicherungsschutz über die Krankenversicherung der Eltern.

Gleichzeitig müssen Sie und Ihr Team aber Kinder, die sich ohne Begleitung in Ihrer Einrichtung aufhalten – schon im Interesse der von Ihnen „offiziell" betreuten Kinder – beaufsichtigen. Sie sollten daher darauf achten, dass Ihre Fachkräfte „ungebetene Gäste" freundlich, aber bestimmt auf den Heimweg schicken.

Nicht gesetzlich unfallversichert sind auch Geschwisterkinder, die z. B. mit ihren Eltern zu einem Kita-Fest gehen oder mit in die Kita kommen, um Bruder oder Schwester abzuholen. Weisen Sie die Eltern eindeutig hierauf hin. Denn den meisten wird dies nicht bewusst sein.

Verletzt sich allerdings ein solches, nicht durch die gesetzliche Unfallversicherung versichertes Kind, z. B. an einem kaputten Spielgerät, haftet Ihr Träger für solche Verletzungen. Denn er muss im Rahmen seiner Verkehrssicherungspflicht dafür sorgen, dass sich kein Besucher auf dem Kita-Gelände verletzt oder zu Schaden kommt.

Übersicht: Haftung bei Unfällen von Besucherkindern

Situation	**Haftung**
Besucherkind wird aufgrund einer Vereinbarung mit den Eltern vorübergehend in die Kita aufgenommen.	Gesetzliche Unfallversicherung haftet.
Geschwisterkind kommt mit Eltern in die Kita.	Gesetzliche Unfallversicherung haftet nicht. Träger haftet bei Verletzung seiner Verkehrssicherungspflicht, ggf. Regress bei der Leitung, wenn diese ihre Pflichten verletzt hat.
Ehemaliges Kita-Kind kommt allein in die Kita.	Gesetzliche Unfallversicherung haftet nicht. Träger haftet bei Verletzung seiner Verkehrssicherungspflicht, ggf. Regress bei der Leitung, wenn diese ihre Pflichten verletzt hat.

7. Eltern als Aufsichtspersonen

Praxisbeispiel: Die „Mäusegruppe" in der Kita „Klein ganz Groß" plant einen Ausflug in den Zoo. Die Kita-Leitung fragt die Gruppenleitung, ob sie auch genug Aufsichtspersonen für ein solches Unternehmen hat. Diese teilt ihr mit, dass neben ihr und der pädagogischen Zweitkraft auch 2 Mütter aus der Gruppe den Ausflug begleiten werden. Die Gruppe besteht aus 15 Kindern, davon 5 U-3- Kinder.

Als Kita-Leitung sind Sie verpflichtet, die Beaufsichtigung der Kinder so zu organisieren, dass diese jederzeit ordnungsgemäß betreut sind. Das gilt in besonderem Maße dann, wenn Sie bzw. Ihre pädagogischen Fachkräfte den geschützten Kita-Bereich verlassen.

Dabei dürfen Sie und Ihre Mitarbeiter – gerade bei Ausflügen – auch auf die Unterstützung von zuverlässigen Personen, die nicht in der Kita angestellt sind, z. B. auf Eltern, zurückgreifen.

Achtung! Manche Kita-Verträge sehen vor, dass die Kinder nur von ausgebildeten und pädagogischen Fachkräften beaufsichtigt werden dürfen. Prüfen Sie daher, bevor Sie die Hilfe von Eltern bei der Betreuung der Kinder in Anspruch nehmen, ob Ihre Verträge oder Dienstanweisungen solche Einschränkungen beinhalten. Dann dürfen Sie die Aufsicht nicht an Eltern oder sonstige ehrenamtliche Unterstützer delegieren.

Auch wenn Sie grundsätzlich berechtigt sind, die Aufsicht teilweise auf hilfsbereite Eltern zu übertragen, sind Sie selbstverständlich dennoch in der Verantwortung. Denn Sie müssen dafür Sorge tragen, dass solche Helfer sorgfältig ausgesucht und angeleitet werden. Selbstverständlich sollte sein, dass Sie den Eltern nicht die Alleinverantwortung für Ihre Schützlinge übertragen. Sie dürfen immer nur zusätzlich zu Ihren pädagogischen Fachkräften eingesetzt werden.

Letztendlich tragen Sie die Gesamtverantwortung für die Beaufsichtigung der Kinder. Passieren hier Fehler, müssen Sie unter Umständen mit zivil-, straf- und arbeitsrechtlichen Konsequenzen rechnen. Wie diese genau aussehen können, finden Sie im 3. Teil dieser Broschüre kurz erläutert.

Als Profi wissen Sie, dass die Beaufsichtigung und Betreuung einer Vielzahl fremder Kinder eine besondere Herausforderung ist. Diese ist mit der Betreuung von eigenen Kindern im häuslichen Umfeld nicht zu vergleichen.

Da kann es leicht passieren, dass Eltern, die ihre Unterstürzung bei einem Ausflug anbieten, mit der Situation überfordert sind oder den Überblick verlieren. Es ist Ihre Aufgabe, im Vorfeld zu prüfen, ob die Eltern, die ihre Hilfe bei einem Ausflug anbieten, überhaupt in der Lage sind, eine solche Aufgabe zu übernehmen. Denn Sie dürfen nur solchen Personen die Aufsicht über die Ihnen anvertrauten Kinder übertragen, von deren Zuverlässigkeit Sie sich überzeugt haben.

Ein gutes Indiz hierfür ist, wie die Eltern beim Bringen und Abholen mit ihrem eigenen Kind umgehen und mit diesem zurechtkommen. Funktioniert schon das nicht, sollten Sie auf ihre Unterstützung bei einem Ausflug besser verzichten.

Daher liegt es nahe, z. B. eine Mutter, die ihre Unterstützung bei einem Ausflug anbietet, zunächst einmal in der geschützten Umgebung der Kita zu „testen“. Bitten Sie sie, z. B. für einen Moment die Aufsicht über eine Kleingruppe von Kindern auf dem Spielplatz zu übernehmen, und beobachten Sie, wie sie sich „schlägt“. Kommt sie gut zurecht und kann sie sich bei Ihren Schützlingen durchsetzen, haben Sie vielleicht eine zuverlässige Hilfskraft gewonnen.

Wichtig ist außerdem, dass Sie von Anfang an deutlich machen, dass Sie von allen, die Aufsicht führen, erwarten, dass sie sich voll auf die ihnen anvertraute Kindergruppe und nicht nur auf das eigene Kind konzentrieren.

Machen Sie helfenden Eltern außerdem unmissverständlich klar, dass während eines Ausflugs Ihre Anweisungen umgehend und ohne Diskussionen ausgeführt werden. Stellen Sie klar, dass Sie bzw. die pädagogischen Fachkräfte, die den Ausflug organisieren, die Gesamtverantwortung für die Kinder tragen und daher auch das Sagen haben.

Erleichtern Sie helfenden Eltern ihre Aufgabe, indem Sie sie mit Gruppen- und Kita-Regeln vor Beginn des Ausflugs vertraut machen und auf das Verhalten in Gefahrensituationen hinweisen. Besprechen Sie z. B. schon im Vorfeld, worauf die Eltern beim Überqueren einer Straße mit den Kindern achten müssen.

Vergewissern Sie sich auch während des Ausflugs, ob die Eltern mit der Beaufsichtigung der Kleinen klarkommen.

Gut zu wissen: Wenn Sie Eltern offiziell beauftragen, einen Kita-Ausflug zu begleiten, besteht für diese Schutz über die gesetzliche Unfallversicherung. Wenn Eltern bei der Beaufsichtigung der Kinder Fehler machen, müssen sie in aller Regel nicht damit rechnen, dass sie für entstandene Schäden in Verantwortung genommen werden. Solche Schäden sind in der Regel durch die Betriebshaftpflicht Ihres Trägers abgedeckt.

Erweitertes polizeiliches Führungszeugnis für ehrenamtliche Helfer?

Wenn Eltern Sie bei der Arbeit mit den Kindern unterstützen, handelt es sich rechtlich betrachtet, um einen ehrenamtlichen Einsatz. Sie als Leitung müssen darauf achten, dass Sie auch ehrenamtlich keine Personen beschäftigen, die wegen einer in § 72 a Sozialgesetzbuch (SGB) VIII genannten Straftat verurteilt wurde.

Als Leitung ist es Ihre Aufgabe im Rahmen des § 72 a Abs. 3 SGB VIII zu entscheiden, ob der Kontakt der ehrenamtlich tätigen Eltern so intensiv ist, dass prinzipiell eine Gefährdung besteht und Sie auf einem erweiterten Führungszeugnis bestehen müssen. Wenn Sie die folgenden 3 Regeln beherzigen, können Sie diesen bürokratischen Aufwand vermeiden.

1. Regel: Machen Sie sich selbst ein Bild

Wenn Sie Eltern als Helfer einsetzen, sollten Sie sich auf jeden Fall selbst ein Bild von der Person machen, der Sie ein Stück weit Verantwortung für die Ihnen anvertrauten Kinder übertragen. Sie sollten daher die Eltern persönlich kennenlernen, bevor Sie einem Einsatz in Ihrer Einrichtung zustimmen. Dies sollten Sie auch Ihrem Team klar kommunizieren.

Praxistipp: Das hat auch aufsichtsrechtliche Gründe. Denn Sie dürfen die Aufsicht über Kinder nur dann an Eltern delegieren, wenn Sie sich persönlich davon überzeugt haben, dass diese für die Aufgabe geeignet und nicht überfordert sind.

2. Regel: Eltern sind nicht mit den Kindern alleine

§ 72 a SGB VIII sieht nicht zwingend vor, dass ehrenamtliche Kräfte ein erweitertes polizeiliches Führungszeugnis vorlegen. Sie als Leitung müssen letztlich entscheiden, ob die von Ihnen auf die Eltern übertragenen Aufgaben ein gewisses Gefährdungspotenzial im Hinblick auf Übergriffe in sich tragen. Gefährdungen können Sie dadurch ausschließen, dass Sie Eltern nicht mit fremden Kindern alleine lassen.

3. Regel: Eltern übernehmen keine pflegerischen Aufgaben

Ebenso dürfen die Eltern keine pflegerischen Aufgaben, wie Windeln wechseln oder Toilettenbegleitung übernehmen. Denn in solchen „intimen" Situationen besteht – zumindest theoretisch – die Gefahr, dass es hier zu Übergriffen kommt. Um hilfsbereite Eltern und auch sich selbst zu schützen, sollten solche Aufgaben nur von Ihrem angestellten Personal übernommen werden.

Checkliste: Haben Sie bei der Auswahl und Anleitung von Begleiteltern an alles gedacht?	
Die Eltern sind Ihnen als zuverlässig und belastbar bekannt.	❑
Sie haben sich im persönlichen Gespräch davon überzeugt, dass die Eltern wahrscheinlich den an sie gestellten Anforderungen gewachsen sind.	❑
Die Eltern wurden genau in ihren Aufgabenbereich eingewiesen.	❑
Die Eltern wurden darauf hingewiesen, dass sie sich um alle Kinder der Gruppe und nicht nur um ihr eigenes kümmern müssen.	❑
Die Eltern wurden auf besondere Gefahrenpunkte bei dem geplanten Ausflug hingewiesen.	❑
Es wurde vor Beginn des Ausflugs besprochen, welches Verhalten in bestimmten Gefahrensituationen, z. B. beim Überqueren einer Straße, erwartet wird.	❑
Die Eltern wurden mit den Kita- und Gruppenregeln vertraut gemacht.	❑
Die Eltern wurden darauf hingewiesen, wie sie sich in einer Notsituation verhalten müssen.	❑
Auswertung: Wenn Sie diese Punkte alle abhaken konnten, können Sie die Aufsicht über die Ihnen anvertrauten Kinder bei Ausflügen teilweise auf Eltern übertragen.	

8. Kinder unter 3 Jahren

Praxisbeispiel: Klara ist 2 Jahre alt. Sie besucht seit einigen Wochen die Kita „Kinderwelten“. Die Eingewöhnung in den Kita-Alltag fällt ihr noch schwer. Seit einigen Tagen hat sie allerdings Anschluss an die 4-jährige Sandra gefunden, die sich liebvoll um sie kümmert. Mit ihrer großen Freundin erobert Klara schließlich auch die Kletterburg der Kita. Da sie allerdings viel kleiner als die anderen Kinder ist, rutscht sie durch die Kletterstufen und fällt so unglücklich, dass sie sich den Arm verstaucht.

Wenn Sie in Ihrer Kita Kinder unter 3 Jahren betreuen, muss Ihnen und Ihrem Team bewusst sein, dass Ihre „Kleinen“ ein besonderes Maß an Aufsicht benötigen. Es gilt die Grundregel: Je jünger und unselbstständiger das Kind, desto engmaschiger muss die Aufsichtsführung sein.

Dies gilt umso mehr, wenn Sie die Kinder nicht in einer Krippengruppe unterbringen, sondern in den regulären Kita-Gruppen „mitlaufen“ lassen. Gerade dann muss Ihr Team die Kleinen ganz besonders im Auge behalten und speziell auf die folgenden Punkte achten:

- Beachten Sie, dass es Kleinkindern besonders schwerfällt, Gefahren zu erkennen, richtig einzuschätzen und entsprechend zu handeln. Bedenken Sie, dass Kleinkinder sich noch nicht zuverlässig an Regeln halten können. Sie bedürfen daher Ihrer besonderen Aufmerksamkeit bei allen speziellen Aktivitäten und bei Ausflügen. Achten Sie außerdem darauf, dass die Kleinen im Kita-Alltag nicht „untergehen“ und überfordert werden.
- Kleinkinder stecken noch viele Dinge in den Mund. Daher dürfen Spielzeug oder Bastelmaterialen, die klein genug sind, dass sie in Mund, Nase oder Ohren gesteckt werden können, den Kleinen nicht frei zur Verfügung stehen. Schaffen Sie in Ihrer Kita sichere Bereiche, in denen die Großen uneingeschränkt mit „ihren“ Spielsachen spielen können, ohne auf die Kleinen Rücksicht nehmen zu müssen. Achten Sie darauf, dass sich die Kinder unter 3 Jahren nicht ohne intensive Aufsicht mit kleinteiligem Spielzeug oder Bastelmaterial beschäftigen.
- Beachten Sie, dass Kleinkinder vielfach Treppen noch nicht sicher allein gehen können. Sichern Sie daher Ihre Treppen mit entsprechenden Gittern, sodass die Kleinen auf den Treppen nur unter Aufsicht laufen.
- Bedenken Sie, dass viele Außenspielgeräte nur für Kinder über 3 Jahren konzipiert sind. Hilfreich ist es, wenn Sie für Ihre ganz Kleinen einen eigenen Spielbereich auf dem Außengelände schaffen können. Spielgeräte für die „Großen“ dürfen sie jeden-

falls nur nutzen, wenn Sie bzw. Ihre Mitarbeiter eine 1:1-Betreuung sicherstellen können.

9. Kinder allein oder in Begleitung von Geschwistern auf dem Nachhauseweg

Praxisbeispiel: Laura, 4 Jahre alt, besucht seit 1 Jahr die Kita „Tausendschön“. Ihre Mutter ist der Meinung, dass sie den 10-minütigen Heimweg von der Kita allein bewältigen kann. Schließlich möchte sie ihre Tochter zur Selbstständigkeit erziehen. Die Kita-Leitung und die pädagogischen Fachkräfte der Einrichtung sind der Meinung, dass das Mädchen entwicklungsbedingt noch nicht in der Lage ist, den Weg allein zu meistern.

Die Organisation des Heimwegs ihrer Kinder liegt allein in der Verantwortung der Eltern. Sie bestimmen, wie und mit wem dieser Weg zurückgelegt wird und ob ihre Kinder diesen Weg allein gehen dürfen oder nicht. Wird von Elternseite an Sie der Wunsch herangetragen, dass ein Kind zukünftig allein nach Hause gehen soll, haben Sie gegen diese Entscheidung rechtlich grundsätzlich keine Handhabe.

Haben Sie aber berechtigte Zweifel, ob ein Kind die notwendige Reife hat, den Heimweg allein zu bewältigen, sollten Sie das Gespräch mit den Eltern suchen und eindringlich auf Ihre Bedenken hinweisen. Wichtig ist, dass Sie dieses Gespräch und seinen Inhalt genau protokollieren.

Gefährden die Eltern ihr Kind durch den unbeaufsichtigten Heimweg im besonderen Maße, haben Sie in Extremfällen die Möglichkeit, die Angelegenheit dem Jugendamt vorzutragen und um Unterstützung zu bitten. Dies sollte aber immer nur das letzte Mittel sein.

Bevor Sie ein Kind allein auf den Heimweg entlassen, müssen Sie darauf bestehen, dass Ihnen eine schriftliche Erlaubnis der Eltern vorliegt. Auf mündliche Absprachen sollten Sie sich nicht verlassen. Diese sind erfahrungsgemäß im Falle eines Unfalls schnell vergessen. Dann müssen Sie begründen, warum ein Ihnen anvertrautes Kind allein auf der Straße herumläuft. Liegt keine schriftliche Erklärung der Eltern vor, können Sie dann schnell in erhebliche Beweisschwierigkeiten kommen.

Bei der Formulierung einer solchen Erklärung können Sie auf die Musterformulierung auf der Seite 27 zurückgreifen.

Wissenswertes über Kinder im Straßenverkehr

Kinder unter 10 Jahren werden im Straßenverkehr von jeder Haftung freigestellt, wenn sie einen Unfall mit einem Kraftfahrzeug verursachen. Das ergibt sich aus § 828 Bürgerliches Gesetzbuch (BGB). Der Gesetzgeber ist bei dieser Regelung davon ausgegangen, dass Kinder frühestens im Alter von 10 Jahren die Gefahren des Straßenverkehrs erkennen und sich entsprechend verhalten können. Diese Regelung bedeutet aber nicht, dass Kinder bis zu diesem Alter nicht allein am Straßenverkehr teilnehmen können. Das Gesetz regelt nur, dass sie für Schäden, die sie anrichten, nicht aufkommen müssen.

In Ausnahmefällen müssen Sie aber, auch wenn Ihnen die schriftliche Erlaubnis der Eltern für einen unbegleiteten Heimweg ihres Kindes vorliegt, darauf bestehen, dass das Kind abgeholt wird.

Das ist immer dann anzunehmen, wenn Umstände eingetreten sind, die bei der Erlaubniserteilung durch die Eltern noch nicht vorlagen und die das Kind erheblich gefährden.

Ausnahmesituationen, in denen Sie auf der Abholung des Kindes bestehen müssen, liegen z. B. vor,

- wenn das Kind in der Kita erkrankt,
- wenn das Kind aufgrund von Ereignissen in der Kita psychisch sehr aufgeregt oder aufgewühlt ist,
- wenn besondere Witterungsbedingungen, z. B. ein Gewitter, bestehen,
- wenn die Verkehrsführung auf dem vom Kind normalerweise benutzten Weg, z. B. durch eine Baustelle, verändert wurde und Sie bzw. Ihre Fachkräfte hiervon Kenntnis haben.

Ihre bzw. die Aufsichtspflicht Ihres Teams endet mit der zwischen Ihnen und den Eltern für das jeweilige Kind vereinbarten Betreuungszeit. Soll das Kind allein nach Hause gehen, müssen Sie dafür Sorge tragen, dass das Kind sich tatsächlich erst nach Ende der mit den Eltern vereinbarten Betreuungszeit auf den Weg macht. Dies stellen Sie z. B. dadurch sicher, dass die Kinder sich bei der hierfür zuständigen Erzieherin abmelden. Sie muss dann darauf achten, dass sich das Kind auch tatsächlich unverzüglich auf den Heimweg macht.

Die Aufsichtspflicht der Einrichtung endet bei einem Kind, das allein nach Hause geht, dann, wenn es das Kita-Gelände tatsächlich verlässt.

Auch wenn Sie die Entscheidung der Eltern, ihr Kind allein nach Hause gehen zu lassen, nicht immer nachvollziehen können, ist es doch beruhigend, dass die Kinder auf dem Heimweg durch die gesetzliche Unfallversicherung versichert sind. Diese übernimmt die ärztlichen Behandlungskosten, die bei einem Unfall auf dem Heimweg entstehen. Wichtig ist für die Haftung der Versicherung, dass das Kind sich auf dem Weg befindet, den es mit seinen Eltern als Heimweg abgesprochen hat. Weisen Sie die Eltern darauf hin, dass Umwege nicht versichert sind, und ermahnen Sie Ihren Schützling, nach der Kita immer direkt nach Hause zu gehen.

Muster: Erlaubnis der Eltern für einen unbegleiteten Heimweg

Wir geben hiermit unser Einverständnis, dass unser Kind nach der vereinbarten Betreuungszeit allein nach Hause gehen darf.

Name, Vorname des Kindes:	*Simons, Sandra*
Geburtsdatum:	*15.01.2012*
Straße, Wohnort:	*Sonnenstraße 10, Sonnenheim*

Wir erklären hiermit, dass unser Kind von uns in den Umgang mit den möglichen Gefahren des Nachhauseweges von der Kita eingewiesen wurde.

Bei erheblichen Änderungen der Wegeverhältnisse oder bei sonstigen besonderen Ereignissen tragen wir dafür Sorge, dass unser Kind aus der Kita abgeholt wird. Die Einrichtung ist befugt, über das Vorliegen solcher besonderer Ereignisse zu entscheiden und die Abholung des Kindes zu verlangen.

Wir wurden vonseiten der Einrichtung darauf hingewiesen, dass die Verantwortung für die Sicherheit und Beaufsichtigung unseres Kindes auf dem Nachhauseweg bei uns als Eltern und nicht bei der Kita liegt.

Sonnenheim, 18.06.2016	*Ingo und Christa Simons*
Ort, Datum	Unterschrift der Erziehungsberechtigten
Eingegangen am:	*20.06.2016*
	Datum
	Julia Niehammer
	Unterschrift Kita-Leitung

10. Nicht abgeholte Kinder

Praxisbeispiel: Leonies Mutter ist beruflich sehr eingespannt. In der Vergangenheit hat sie es schon mehrfach nicht geschafft, ihre Tochter pünktlich zum Kita-Schluss abzuholen. Auch heute ist sie wieder viel zu spät und auch telefonisch nicht zu erreichen. Sonst hat die Leitung immer mit Leonie in der Einrichtung auf ihre Mutter gewartet. Heute hat sie aber selbst einen Termin und weiß nicht, was sie mit dem Kind machen sollen.

Wenn die Eltern ihr Kind nicht rechtzeitig aus der Kita abholen, verstoßen sie ganz klar gegen die im Betreuungsvertrag mit Ihrem Träger getroffenen Vereinbarungen.

Sie können ein nicht abgeholtes Kind aber selbstverständlich nicht einfach vor die Tür setzen. Denn wenn Sie morgens ein Kind in Empfang nehmen, übernehmen Sie die Verantwortung für es, bis Sie es wieder den Eltern oder einer von den Eltern benannten abholungsberechtigen Person übergeben.

Sie müssen sich also auch nach Ende der Öffnungszeiten um dieses Kind kümmern und dafür sorgen, dass es wohlbehalten zu seinen Eltern kommt.

Die Eltern können andererseits nicht erwarten, dass die Kita die Betreuungszeiten über die im Betreuungsvertrag festgelegten Zeiten hinaus ausdehnt.

Können Sie die Eltern oder sonstige abholberechtige Personen telefonisch nicht unter den Ihnen genannten Telefonnummern erreichen, haben Sie verschiedene Möglichkeiten, mit der Situation umzugehen:

1. Sie können das Kind mit einer Ihnen als verantwortungsbewusst und vertrauenswürdig bekannten Person in der Kita lassen. Das können z. B. Ihr Hausmeister, ihre Reinigungskraft oder Ihre 1-€-Kraft sein.
   Aber Achtung: Sie tragen nach wie vor die Verantwortung für das Kind. Das heißt, dass Sie darauf achten müssen, dass Sie das Kind nur jemandem übergeben, der auch geeignet ist, das Kind während der Wartezeit zuverlässig zu betreuen.

2. Sind Ihnen Nachbarn oder Großeltern der Kinder als abholberechtigt benannt, können Sie auch diese bitten, das Kind bis zur Rückkehr der Eltern bei sich zu Hause zu betreuen. Sie können dann dort hinfahren und das Kind dem „Babysitter“ übergeben.

3. Finden Sie niemanden, der das Kind bis zum Eintreffen der Eltern betreuen kann, können Sie Ihren Schützling auch mit zu sich nach Hause nehmen. Für solche Notfälle ist es immer sinnvoll, einen Kindersitz in der Kita zu haben.
   Gut zu wissen: Wenn Sie das Kind in Ihrem Privat-Pkw mit nach Hause nehmen oder z. B. zu den Großeltern fahren, besteht Versicherungsschutz über die gesetzliche Unfallversicherung.

4. Im äußersten Notfall können Sie das Kind auch der Polizei oder dem Jugendamt übergeben. Eine solche radikale Lösung wird das Ihnen anvertraute Kind aber zutiefst verunsichern und auch Ihr Verhältnis zu den Eltern sicher nicht verbessern. Daher sollte eine solche Maßnahme – auch in Ihrem eigenen Interesse – immer wohl überlegt und immer nur die allerletzte Möglichkeit sein.

Die Eltern des nicht pünktlich abgeholten Kindes sollten Sie durch einen Zettel an der Kita-Tür und durch eine Nachricht auf der Mailbox oder dem Anrufbeantworter darüber informieren, wo ihr Kind abgeholt werden kann.

Zu spät kommen kann jeder mal. Häufen sich solche Vorkommnisse allerdings, müssen Sie das Gespräch mit den jeweiligen Eltern suchen, ein ernstes Wort mit ihnen sprechen und auf die Vereinbarungen im Kita-Vertrag hinweisen. Hilft dies nicht, sollten Sie Ihren Träger informieren. Dieser sollte eine schriftliche „Abmahnung" aussprechen und für den Wiederholungsfall eine Kündigung des Kita-Vertrags androhen.

Wissenswert: Extrazahlung für Zuspätkommer sind okay

Das Verwaltungsgericht Gießen hat in seinem Urteil vom 11.06.2008 (Aktenzeichen: 8 E 1490/07) entschieden, dass Eltern, die ihre Kinder mit erheblicher Verspätung aus der Einrichtung abholen, einen bestimmten Geldbetrag zahlen müssen. Schließlich entstehen der Einrichtung durch die längere Betreuung Kosten für Überstunden. Vielleicht sollten Sie einmal überlegen, ob Sie auch in Ihrer Einrichtung – in Absprache mit dem Träger – eine solche Regelung einführen. Ob Sie damit allerdings notorische „Zuspätkommer" zur Pünktlichkeit erziehen, ist fraglich. Es besteht vielmehr die Gefahr, dass durch die Zahlung der Eindruck entsteht, man könne so eine Verlängerung der Betreuungszeit „buchen".

3. Teil: Was passiert, wenn etwas passiert?

Zivil-, straf- und arbeitsrechtliche Konsequenzen einer Verletzung der Aufsichtspflicht

Viele Kita-Leitungen und auch pädagogische Fachkräfte leben in ständiger Angst vor Haftungsgefahren, die mit einer Verletzung der Aufsichtspflicht einhergehen.

Hier kann ich Sie ein Stück weit beruhigen: Die Haftungsgefahren bei einer Aufsichtspflichtverletzung sind nicht so groß, wie es oft befürchtet wird. Informieren Sie sich hier, was bei der Verletzung der Aufsichtspflicht in zivil-, straf- und arbeitsrechtlicher Hinsicht tatsächlich auf Sie zukommen kann.

1. Zivilrechtliche Haftung bei einer Verletzung der Aufsichtspflicht

Wenn einem Kind, das sich in Ihrer Obhut befindet, etwas passiert, ist dies natürlich schlimm und für alle Beteiligten belastend. Aufgeregte Eltern sind dann schnell mit der Drohung bei der Hand:

„Hier wurde die Aufsichtspflicht verletzt! Hierfür werden wir Sie persönlich haftbar machen."

Solchen Drohungen können Sie relativ gelassen begegnen, denn mit der zivilrechtlichen Haftung verhält es sich folgendermaßen:

Verletzen Sie oder Ihre pädagogischen Fachkräfte ihre Aufsichtspflichten und kommt jemand deshalb zu Schaden, stellt sich immer die Frage, wer für den entstandenen Schaden aufkommt.

Dabei muss zunächst einmal zwischen Sach- und Personenschäden unterschieden werden. Bei Personenschäden wird weiter diffenziert nach Personenschäden innerhalb der Kita, also von Kindern und Mitarbeitern, und Personenschäden außerhalb der Kita, z. B. von Spaziergängern, die von einem vom Kita-Gelände geworfenen Stein getroffen werden. Weiter ist zu unterscheiden zwischen Behandlungskosten und Schmerzensgeld.

1.1 Haftung für Personenschäden

Personenschäden innerhalb der Kita

Behandlungskosten von Kindern und Erzieherinnen

Die Kinder, die Ihre Kita regelmäßig besuchen, sind während des Kita-Besuchs und auch auf dem Hin- und Rückweg zu Ihrer Einrichtung durch die gesetzliche Unfallversicherung abgesichert.

Die gesetzliche Unfallversicherung kommt bei einem Unfall zunächst einmal für folgende Kosten auf:
- ärztliche Behandlung
- Kosten für notwendige Rehabilitationsmaßnahmen
- unter Umständen Rentenzahlungen
- Sterbegeld

Diese Kosten übernimmt zunächst einmal die Unfallkasse. Haben Sie allerdings Ihre Aufsichtspflicht grob fahrlässig oder sogar vorsätzlich verletzt, wird der Versicherungsträger versuchen, das von ihm gezahlte Geld von Ihnen zurückzubekommen. Dies bezeichnet man als „**Regress**".

Eine vorsätzliche Verletzung der Aufsichtspflicht setzt zum einen voraus, dass die Aufsicht führende Person ihre Pflichten bewusst und gewollt nicht erfüllt hat. Zum anderen muss sie außerdem den Unfall und seine Folgen zumindest in Kauf genommen haben. Ein solches Verhalten ist im Kita-Alltag wohl kaum vorstellbar.

Von einem grob fahrlässigen Verhalten müssen Sie ausgehen, wenn die von einer ausgebildeten Erzieherin zu erwartende Sorgfalt in besonders schwerem Maße außer Acht gelassen wird. Es gilt die folgende Faustregel:

Grob fahrlässig handelt, wer das nicht tut, was in der konkreten Situation eigentlich jeder getan hätte, und nicht einmal ganz naheliegende Überlegungen anstellt.

Wenden Sie diese Regel auf die konkrete Unfallsituation an, werden Sie feststellen, dass nur in wirklich extremen Ausnahmefällen von einem grob fahrlässigen Verhalten ausgegangen werden kann.

Daher kommt es auch sehr selten vor, dass Kita-Leitungen und pädagogische Fachkräfte von der gesetzlichen Unfallkasse in Regress genommen werden.

Dennoch besteht natürlich ein gewisses Risiko, dass Sie im Laufe eines langen Arbeitslebens einmal richtig Pech haben und dass Ihnen ein grob fahrlässiges Verhalten vorgeworfen werden kann.

Um sich gegen solche Regressansprüche abzusichern, sollten Sie eine Berufshaftpflichtversicherung abschließen. Manchmal schließen die Träger für ihre Mitarbeiter eine solche Versicherung ab. Gesetzlich verpflichtet sind sie hierzu aber nicht. Daher sollten Sie gezielt nachfragen, ob eine solche Versicherung für Sie und Ihre Mitarbeiter besteht.

Achtung! Fragen Sie auch bei einem Trägerwechsel immer, ob eine solche Versicherung besteht. Wenn dies nicht der Fall sein sollte, sollten Sie auf jeden Fall privat eine Berufshaftpflichtversicherung abschließen.

Die Berufshaftpflichtversicherung kommt für folgende Kosten auf:
- Gerichtskosten
- Anwaltskosten
- Gutachterkosten
- Kosten für eine Strafverteidigung
- Schadensersatz, Regressforderungen der gesetzlichen Unfallversicherung, Schadenersatz für Sachschäden
- Schmerzensgeldforderungen, wenn das Haftungsprivileg der §§ 104, 105 Sozialgesetzbuch (SGB) VII nicht gilt

Die Kosten für eine solche Versicherung sind sehr unterschiedlich. Oft bieten Gewerkschaften oder Berufsverbände günstige Gruppenverträge. Es lohnt sich, sich hier zu erkundigen.

Schmerzensgeldansprüche von Kindern und pädagogischen Fachkräften

Der Gesetzgeber hat in §§ 104, 105 SGB VII geregelt, dass in Kindertageseinrichtungen im Hinblick auf das Schmerzensgeld ein so genanntes „Haftungsprivileg" gilt.

Das bedeutet, dass Schmerzensgeldansprüche zwischen Kindern untereinander und zwischen pädagogischen Fachkräften und Kindern und der Kita-Leitung grundsätzlich ausgeschlossen sind. Etwas Anderes gilt nur, wenn es durch eine vorsätzliche Aufsichtspflichtverletzung zu dem Unfall gekommen ist. Dies ist aber im Kita-Alltag kaum vorstellbar.

Im Klartext heißt das: Sie müssen in aller Regel nicht damit rechnen, bei einem Unfall in der Kita mit begründeten Schmerzensgeldforderungen von Eltern oder pädagogischen Fachkräften konfrontiert zu werden.

Personenschäden außerhalb der Kita

Kommen durch eine Aufsichtspflichtverletzung in der Einrichtung Dritte, also Personen außerhalb der Kita, zu Schaden, ist die Angelegenheit etwas anders.

Die gesetzliche Unfallversicherung haftet nicht für Verletzungen, die Kinder, die unter Ihrer Aufsicht stehen, Dritten zufügen.

Nach § 831 Bürgerliches Gesetzbuch (BGB) bzw. § 278 BGB haftet zunächst einmal der Träger Ihrer Einrichtung für Schäden, die seine Mitarbeiter verursachen. Daher muss sich der Verletzte zunächst einmal an den Träger halten, wenn er seinen Schaden ersetzt haben möchte.

Selbstverständlich kommt auch das oben beschriebene Haftungsprivileg im Hinblick auf das Schmerzensgeld nicht zum Tragen. Personen, die nichts mit der Kita zu tun haben, können daher bei einem Unfall, der auf eine Verletzung der Aufsichtspflicht zurückzuführen ist, sehr wohl Schmerzensgeld gegenüber der Einrichtung geltend machen. Auch diese Ansprüche sind zunächst einmal an den Träger Ihrer Kita zu richten.

Dieser kann wiederum, wenn eine vorsätzliche oder grob fahrlässige Aufsichtspflichtverletzung vorliegt, die fehlerhaft handelnde pädagogische Fachkraft oder Kita-Leitung in Regress nehmen. Bei einem „normal" fahrlässigen Verhalten übernimmt in aller Regel der Träger den Schaden. Für solche Fälle hat dieser eine Betriebshaftpflichtversicherung.

1.2 Haftung für Sachschäden

Auch für Sachschäden, die z. B. durch das Steinewerfen auf das Gewächshaus auf dem Nachbargrundstück entstehen, haftet Ihr Träger. Zu einer Haftung der pädagogischen Fachkraft, die ihre Aufsichtspflicht verletzt hat, gelten die oben beschriebenen Kriterien.

Übersicht: Zivilrechtliche Haftung in der Kita			
	Vorsatz	**Grobe Fahrlässigkeit**	**Einfache Fahrlässigkeit**
Personenschaden innerhalb der Kita	**Primäre Haftung:** gesetzliche Unfallversicherung **Regress:** Päd. Fachkraft haftet persönlich mit ihrem ganzen Vermögen für Schmerzensgeld- und Regressforderungen des Unfallversicherungsträgers, keine Absicherung durch eine Berufshaftpflichtversicherung möglich.	**Primäre Haftung:** gesetzliche Unfallversicherung **Regress:** Päd. Fachkraft haftet persönlich mit ihrem ganzen Vermögen für Regressforderungen des Unfallversicherungsträgers, Absicherung durch eine Berufshaftpflichtversicherung möglich.	**Primäre Haftung:** gesetzliche Unfallversicherung **Regress:** Päd. Fachkraft muss keine Regressforderungen fürchten.
Personenschaden Dritter	**Primäre Haftung:** Träger **Regress:** Päd. Fachkraft haftet mit ihrem ganzen Vermögen für Schmerzensgeld- und Regressforderungen des Trägers, keine Absicherung durch eine Berufshaftpflichtversicherung möglich.	**Primäre Haftung:** Träger **Regress:** Päd. Fachkraft haftet mit ihrem ganzen Vermögen für Schmerzensgeld- und Regressforderungen des Trägers, Absicherung durch eine Berufshaftpflichtversicherung möglich.	**Primäre Haftung:** Träger **Regress:** Päd. Fachkraft muss keine Regressforderungen fürchten.
Sachschaden	**Primäre Haftung:** Träger **Regress:** Päd. Fachkraft haftet mit ihrem ganzen Vermögen für Regressforderungen des Trägers, keine Absicherung durch eine Berufshaftpflichtversicherung möglich.	**Primäre Haftung:** Träger **Regress:** Päd. Fachkraft haftet mit ihrem ganzen Vermögen für Regressforderungen des Trägers, Absicherung durch eine Berufshaftpflichtversicherung möglich.	**Primäre Haftung:** Träger **Regress:** Päd. Fachkraft muss keine Regressforderungen fürchten.

2. Strafrechtliche Konsequenzen einer Verletzung der Aufsichtspflicht

Viele pädagogische Fachkräfte und auch Kita-Leitungen wähnen sich in Fragen der Aufsichtspflicht immer mit „einem Bein im Gefängnis“. Dabei ist diese Angst in aller Regel unbegründet. Mir ist in Deutschland jedenfalls kein Fall bekannt, in dem eine pädagogische Fachkraft wegen der Verletzung der Aufsichtspflicht tatsächlich zu einer Gefängnisstrafe verurteilt wurde.

Eine Aufsichtspflichtverletzung an sich ist nicht strafbar. Von einem strafbaren Verhalten kann also nur dann ausgegangen werden, wenn durch die Verletzung der Aufsichtspflicht ein gesetzlich geregelter Straftatbestand nach dem Strafgesetzbuch (StGB) verwirklicht wird.

In Betracht kommen hier insbesondere die folgenden Straftatbestände:

- § 222 StGB: fahrlässige Tötung
- § 229 StGB: fahrlässige Körperverletzung
- § 323c StGB: unterlassene Hilfeleistung

Diese Straftaten werden bei der Verletzung der Aufsichtspflicht nicht durch ein aktives Handeln, sondern in aller Regel durch das Unterlassen einer notwendigen Handlung begangen.

Theoretisch ist es also durchaus möglich, dass Sie und Ihre pädagogischen Fachkräfte sich durch eine Aufsichtspflichtverletzung, die zu einem Unfall eines Kindes oder eines Dritten führt, strafbar machen.

Allerdings sind strafrechtliche Verurteilungen sehr selten. Und das aus folgendem Grund:

Um eine pädagogische Fachkraft z. B. wegen fahrlässiger Körperverletzung zu verurteilen, muss die Staatsanwaltschaft nachweisen, dass diese schuldhaft ihre Pflichten nicht erfüllt hat. Dieser Nachweis kann in den meisten Fällen nicht zweifelsfrei geführt werden. Dann gilt der Grundsatz: „Im Zweifel für den Angeklagten.“

Außerdem ist die meist im Raum stehende fahrlässige Körperverletzung ein so genanntes **Antragsdelikt**. Das bedeutet, dass die Staatsanwaltschaft nur auf Antrag des verletzten Kindes bzw. seiner Eltern aktiv wird. Die Eltern haben aber häufig kein Interesse an einer strafrechtlichen Verfolgung, da der entstandene materielle Schaden vollständig von der gesetzlichen Unfallversicherung ersetzt wird.

Kommt es dennoch einmal zu einer Strafanzeige, stellt die Staatsanwaltschaft in den meisten Fällen das Verfahren wegen Geringfügigkeit ein. Also: keine Angst; pädagogische Fachkräfte und Kita-Leitungen stehen nicht mit einem Bein im Gefängnis.

3. Arbeitsrechtliche Konsequenzen einer Verletzung der Aufsichtspflicht

Mit der Unterschrift unter Ihren Arbeitsvertrag verpflichten Sie und Ihre pädagogischen Fachkräfte sich automatisch, die in der Kita betreuten Kinder im gesetzlich vorgegebenen Rahmen zu beaufsichtigen. Verletzen Sie diese Pflicht, müssen Sie für den Verstoß gegen Ihre arbeitsvertraglichen Pflichten mit disziplinarischen Konsequenzen bis hin zur – fristlosen – Kündigung rechnen.

Je nach Schwere der Verletzung der Aufsichtspflicht und dem bisherigen Verhalten der pädagogischen Fachkraft muss der Arbeitgeber angemessen auf den Verstoß gegen die arbeitsvertraglichen Pflichten reagieren.

4. Haftung der freigestellten Kita-Leitung

Viele Kita-Leitungen sind von der Arbeit im Gruppendienst freigestellt. Dann stellt sich die Frage, ob und wann einer solchen freigestellten Leitung überhaupt die Verletzung der Aufsichtspflicht vorgeworfen werden kann.

Als freigestellte Leitung gehört es zu Ihren wichtigsten Aufgaben, die Aufsichtsführung in Ihrer Einrichtung so zu organisieren, dass die Kinder jederzeit entsprechend den hier beschriebenen Kriterien ordnungsgemäß beaufsichtigt werden.

Hierzu müssen Sie entsprechende Dienstpläne aufstellen, ihre pädagogischen Fachkräfte anweisen und beraten. Außerdem müssen Sie überprüfen, ob die von Ihnen vorgegebenen Richtlinien zur Aufsichtsführung auch tatsächlich eingehalten werden.

Zudem müssen Sie sich davon überzeugen, dass die von Ihnen zur Aufsichtsführung herangezogenen Personen auch zur Beaufsichtigung der Kinder geeignet und qualifiziert sind.

Übersicht: Arbeitsrechtliche Konsequenzen einer Verletzung der Aufsichtspflicht

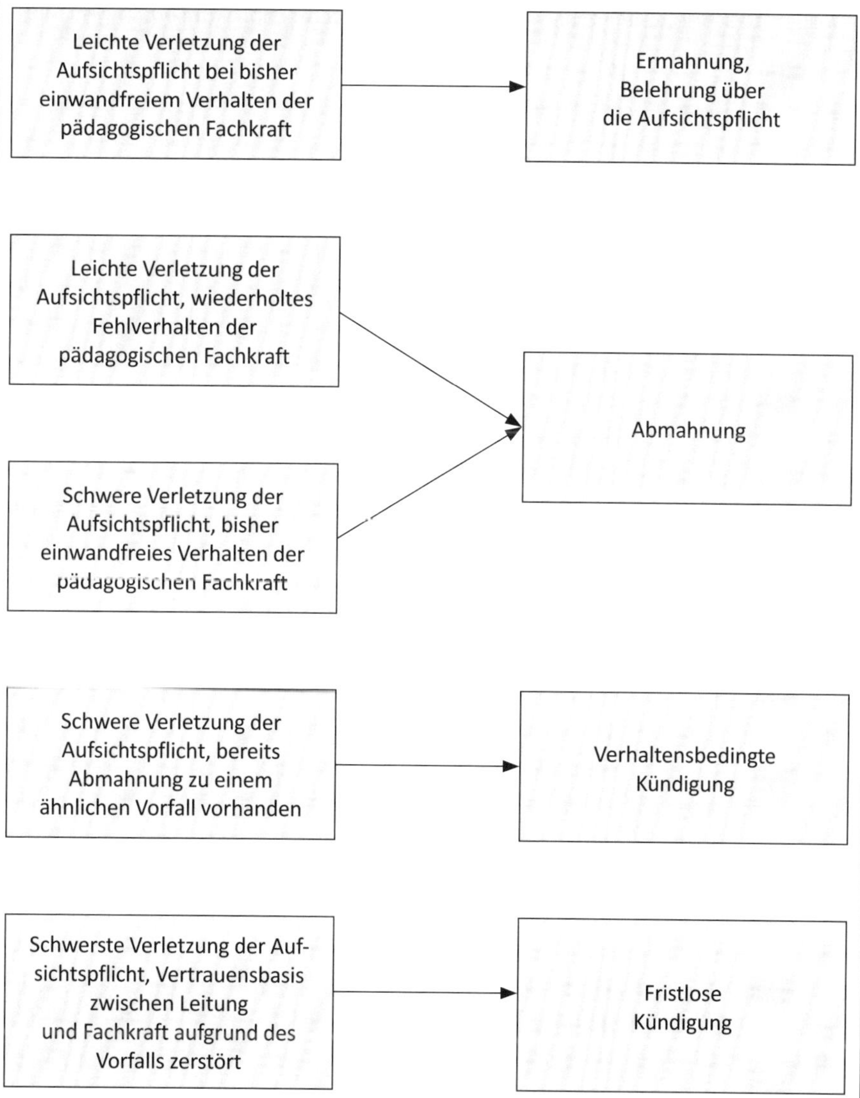

Verstoßen Sie gegen diese Verpflichtungen, kann man Ihnen ein so genanntes Organisationsverschulden vorwerfen, das letztlich – unabhängig von der Verantwortlichkeit der jeweiligen Fachkraft, die den Unfall konkret verschuldet hat – auch bei Ihnen zu den oben beschriebenen zivil-, straf- und arbeitsrechtlichen Konsequenzen führen kann.

Schlussbemerkung

Die Arbeit mit Kindern macht unter anderem deshalb so viel Freude, weil nie wirklich Langeweile aufkommt. Sie dürfen täglich damit rechnen, dass Ihre Schützlinge spontan etwas Unerwartetes tun, mit dem Sie nicht gerechnet haben. Das macht Ihren Job so abwechslungsreich und spannend.

Gleichzeitig haben Sie und Ihr Team natürlich eine besondere Verantwortung für Ihre Schützlinge. Denn Sie müssen die Kinder so beaufsichtigen, dass sie sich einerseits möglichst frei entfalten und entwickeln können, andererseits sich und andere nicht in Gefahr bringen oder verletzen. Darin liegt die große Kunst bei der Erfüllung Ihrer Aufsichtspflichten und dies ist immer wieder eine schwierige Gratwanderung.

Wenn Sie allerdings die in dieser Broschüre dargestellten Grundsätze verinnerlichen und bei Ihren Entscheidungen in aufsichtsrechtlichen Fragen im Hinterkopf behalten, sind Sie rechtlich auf der sicheren Seite.

Und bedenken Sie bei Ihrer Arbeit immer das Folgende:

„Die Aufgabe der Umgebung ist es nicht, das Kind zu formen, sondern ihm zu erlauben, sich zu offenbaren."

Maria Montessori

Notizen